Marie küsst einen Frosch

Eine Geschichte von Christian Tielmann
mit Bildern von Kerstin M. Schuld

Lesestufe 2

CARLSEN

Maries Schulklasse will beim Schulfest
ein Märchen aufführen.
„Wir brauchen eine Fee, eine Prinzessin,
einen Prinzen, einen Frosch, ein Nashorn,
ein Wildschwein, einen Lehrer und ein paar
Räuber“, sagt Herr Baum, der Lehrer.
„Ich will die Prinzessin sein!“, ruft Lilly.
„Ich auch!“, ruft Johanna.
„Ich auch!“, ruft Marie.

Und auch die anderen Mädchen in
der Klasse wollen am liebsten
die Prinzessin sein.
„Die Prinzessin muss aber den Frosch
küssen, und der Prinz muss die Prinzessin
küssen“, sagt Herr Baum.
Marie ist das egal.
Sie will trotzdem die Prinzessin spielen.

„Küssen?“, ruft Jaro.
„Küssen ist doch total peinlich!
Ich bin jedenfalls kein Prinz!“
„Ich auch nicht!“, ruft Finn.
„Ich auch nicht!“, ruft Leon.
„Schade“, denkt Marie.
Denn Leon wäre ein prima Prinz,
findet sie.

Aber natürlich nur,
wenn Marie die Prinzessin wäre.
„Dann losen wir am besten aus,
wer Prinzessin und wer Prinz
wird“, sagt Herr Baum.
Jeder Junge und jedes Mädchen
muss ein Los ziehen.

„Bitte, bitte, liebes Prinzessinnen-Los.
Nimm mich!“, denkt Marie.
Dann kneift sie die Augen zu
und zieht ihr Los.
Aber noch bevor sie es lesen kann,
schreien die Jungs: „Leon ist der Prinz!“
Marie faltet ihren Zettel auf.
Und da steht es: „Prinzessin!“

„Und Marie ist die Prinzessin!“,
brüllt Julia, die Marie über die Schulter
geschaut hat.
„Typisch Marie! Die hat einfach
immer Glück“, motzt Lilly.
Und auch die anderen Mädchen
sind traurig, weil sie nicht Prinzessin
geworden sind.
Aber dann ruft Jaro: „Leon und
Marie! Das Liebespaar!
Küsst euch mal!“

Leserätsel

Was macht Maries Klasse
auf dem Schulfest?

- [ ] J Sie führt ein Märchen auf.

- [ ] P Sie brät ein Wildschwein.

- [ ] L Sie küsst den Lehrer.

Warum lässt Herr Baum die Schüler Lose ziehen? Kreuze alle richtigen Antworten an:

- [ ] A Weil alle das Wildschwein spielen wollen
- [ ] U Weil alle Mädchen die Prinzessin sein wollen.
- [ ] L Weil kein Junge den Prinzen spielen will.
- [ ] E Weil alle Jungs die Prinzessin küssen wollen.

Wer wird Prinz und wer wird Prinzessin?

☐ B
Jaro

☐ I
Leon

☐ R
Finn

☐ X
Herr Baum

☐ S
Julia

☐ U
Lilly

☐ A
Marie

☐ M
Johanna

Die Buchstaben neben den richtigen Antworten verraten dir, welches Kind den Frosch spielt: __ __ __ __ __ .

„Nie im Leben küss ich die Marie!“,
sagt Leon trotzig.
„Die stinkt doch wie eine alte Kröte.“
Seine Freunde Jaro und Finn lachen.
Dabei meint Leon das gar nicht
richtig ernst.
Denn eigentlich findet er Marie klasse.
Und er würde sie sogar ganz gerne
mal küssen.

Aber Leon will, dass Jaro aufhört,
dauernd vom Liebespaar zu reden.
„Ich stinke nicht wie eine Kröte!“,
ruft Marie wütend.
„Und von so einem Nilpferd wie Leon
lasse ich mich sowieso nicht küssen!“
Johanna und Lilly kichern.

„Sag noch mal, dass ich ein Nilpferd bin, dann drehe ich dir den Hals um!“
Leon ballt die Fäuste.
„Glaubst du etwa, ich hab Angst vor dir?“
Marie lacht.

„Das reicht jetzt!“, ruft Herr Baum.
„Ihr müsst euch nicht wirklich küssen.
Es ist doch nur ein Theaterstück.
Ihr tut nur so, als würdet ihr euch küssen.
Aber in Wirklichkeit küsst ihr in die Luft!“

In den nächsten Tagen
macht die Schule plötzlich Spaß.
Denn die Klasse übt das Theaterstück.
Und Marie merkt sich ganz genau,
was sie als Prinzessin alles machen muss.
Die Fee im Märchen sagt der Prinzessin,
dass sie einen Frosch küssen soll.
Aber die Prinzessin ist vergesslich.

Sie küsst zuerst ein Nashorn.
Das Nashorn verwandelt sich
in einen Räuber.
Dann küsst die Prinzessin ein Wildschwein.
Das Wildschwein verwandelt sich
in einen Lehrer.
Dann erst küsst die Prinzessin den Frosch.
Der Frosch verwandelt sich in einen Prinzen.

Leserätsel

Wen beschimpft Leon als alte Kröte?

- [ ] JU das Wildschwein
- [ ] JA Marie
- [ ] LI den Frosch

Warum küsst die Prinzessin im Märchen zuerst ein Nashorn und ein Wildschwein?

- [ ] NE Die Fee hat ihr gesagt, dass sie alle Tiere küssen soll, die sie finden kann.
- [ ] LI Die Prinzessin findet Wildschweine lecker.
- [ ] RO Die Prinzessin hat vergessen, was die Fee ihr gesagt hat.

Die Buchstaben neben den richtigen Antworten verraten dir, welches Kind das Wildschwein spielt: __ __ __ __ .

Ein verdrehtes Märchen! Weißt du noch,
wer sich in wen verwandelt?
Ergänze die fehlenden Buchstaben.

Das N A __ H __ R __
verwandelt sich in einen
__ Ä U __ __ __ ,

das W __ __ __ S C H W __ __ __
in einen L E H __ __ R,

der F __ O __ __ __
in einen
P R __ __ Z E N.

Die Buchstaben in den blauen Feldern
verraten dir zwei berühmte Märchenerzähler:
Die __ __ Ü __ __ __ G __ __ MM.

Bei der Aufführung auf dem Schulfest
ist Marie ganz aufgeregt.
Sie küsst erst das Wildschwein
und das Nashorn.
Das Publikum lacht sich schlapp.
Dann küsst Prinzessin Marie
endlich den Frosch.
Da stolpert Prinz Leon auf die Bühne
und sagt: „Hallo Prinzessin!
Danke, dass du mich erlöst hast.“
Und Prinz Leon küsst Marie!
Und zwar ganz echt!
„Du bist doch keine stinkende
Kröte“, flüstert der Prinz.

Plötzlich fühlt sich Marie auch
wie verzaubert.
Sie hat ihren Text vergessen.
Und sie küsst Leon einfach zurück,
obwohl das gar nicht im Stück steht.
Das Publikum klatscht begeistert Beifall.
Prinz Leon wird knallrot im Gesicht
und murmelt: „Danke, Marie.
Äh, ich meine: Prinzessin!“
Marie wird genauso rot und antwortet:
„Selber danke, Leon. Äh, Frosch.
Quatsch! Prinz!“

Maries geheimes Küsse-Buch

Küsserin: *Mama*
Geküsste Stelle: *Stirn*
Art des Kusses: *Gute-Nacht-Kuss*
Note: *Gut zum Einschlafen (2+)*

Küsserin: *Tante Traudel*
Geküsste Stelle: *Wange und das halbe Gesicht*
Art des Kusses: *Tanten-Kuss*
Note: *Fürchterlich! Viel zu feucht! (5)*

Küsser: *Rex, der Hund von nebenan*
Geküsste Stelle: *Das ganze Gesicht*
Art des Kusses: *Abschlecken zur Begrüßung*
Note: *Mangelhaft! Rex stinkt. (5-)*

Küsser: *Opa*
Geküsste Stelle: *Hand*
Art des Kusses: *Handkuss*
Note: *Sehr eleganter Opa-Kuss, wunderbar (1)*

Küsser: *Leon*
Geküsste Stelle: *Wange*
Art des Kusses: *Prinzen-Kuss*
Note: *Superklasse! (1+)*

Meine geheimen Lieblingsküsse

Küsserin: ______________________________

Geküsste Stelle: ________________________

Art des Kusses: _________________________

Note: __________________________________

Küsser: ________________________________

Geküsste Stelle: ________________________

Art des Kusses: _________________________

Note: __________________________________

Lösungen

S. 8/9:

Maries Klasse führt ein Märchen auf.
Herr Baum lässt Lose ziehen,
weil alle Mädchen die Prinzessin sein wollen und
weil kein Junge den Prinzen spielen will.
Leon wird Prinz. Marie wird Prinzessin.
JULIA spielt den Frosch.

S. 16/17:

Leon beschimpft Marie als alte Kröte.
Die Prinzessin hat vergessen, was die Fee ihr gesagt hat.
JARO spielt das Wildschwein.
Das NASHORN verwandelt sich in einen RÄUBER.
Das WILDSCHWEIN verwandelt sich in einen LEHRER.
Der FROSCH verwandelt sich in einen PRINZEN.
Die beiden berühmten Märchenerzähler sind die
BRÜDER GRIMM.

1 2 3 4 5 11 10 09 08

Umschlagkonzeption und Illustration der Maus:
Hildegard Müller
Lesemaus-Redaktion: Anja Kunle, Susanne Klein
Druck und Bindung: Himmer AG, Augsburg
ISBN 978-3-551-06411-0
Printed in Germany